VENTE LE JEUDI 18 JANVIER 1866

Collection EUGÈNE GODOT

PREMIÈRE VENTE

CURIOSITÉS

ET

TABLEAUX

Mᵉ Charles PILLET, Commissaire-Priseur.

M. FEBVRE, Expert.

EXEMPLAIRE DE M. STETTINER

RENOU & MAULDE

IMPRIMEURS DE LA COMPAGNIE DES COMMISSAIRES-PRISEURS

Rue de Rivoli, 144.

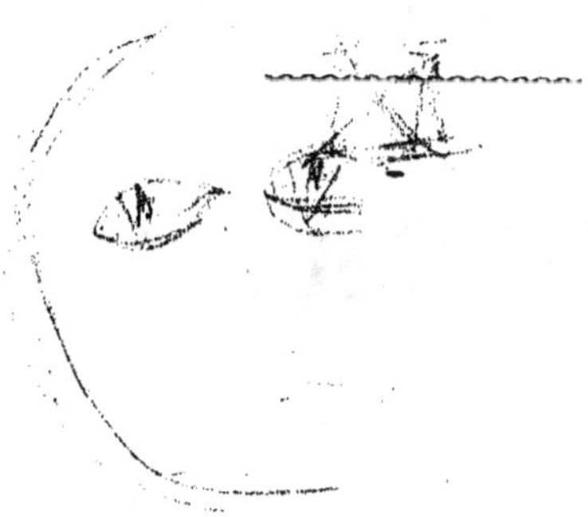

Collection Eugène GODOT

PREMIÈRE VENTE

CATALOGUE

D'OBJETS D'ART

ET DE CURIOSITÉ

ET

DE QUELQUES TABLEAUX

TRÈS-BEAUX MEUBLES ANCIENS DES ÉPOQUES DE LOUIS XIV,
LOUIS XV, LOUIS XVI;

Secrétaires, Encoignures, Cartonnier à horloge, Buffets, Meubles de
Salon couverts en tapisserie; Glaces, Tables et Bureaux, etc..

BRONZES

Très-belle garniture de Cheminée Louis XVI, composée d'une Pendule,
de deux Girandoles et de deux Vases; autres Pendules, Lustres,
Appliques, Bougeoirs, Flambleaux et diverses pièces;

DONT LA VENTE AUX ENCHÈRES PUBLIQUES AURA LIEU

HOTEL DES COMMISSAIRES-PRISEURS

Rue Drouot, n° 5

SALLE N° 5

Le Jeudi 18 Janvier 1866, à deux heures précises.

Par le ministère de Me **CHARLES PILLET**, Commissaire-Priseur,
rue de Choiseul, 11,

Assisté de **M. FEBVRE**, Expert, rue Laffitte, 12,

CHEZ LESQUELS SE DISTRIBUE CE CATALOGUE.

EXPOSITION PUBLIQUE

Le Mercredi 17 Janvier 1866, de une heure à cinq heures.

PARIS — 1866

CONDITIONS DE LA VENTE

Elle se fera au comptant.

Les Acquéreurs paieront en sus du prix d'adjudication CINQ pour CENT, applicables aux frais.

L'Exposition mettant le public à même de se rendre compte de l'état des objets, il ne sera admis aucune réclamation une fois l'adjudication prononcée

DÉSIGNATION

DES OBJETS

BRONZES DORÉS

PENDULES, CANDÉLABRES, BUSTES, FLAMBEAUX, ETC.

1 — Magnifique Garniture de cheminée de l'époque de
Louis XVI, composée d'une Pendule, de deux Candé-
labres à trois lumières et de deux Vases en bronze.

La Pendule de forme oblongue est avec consoles repo-
sant sur un large socle à pieds décoré de feuilles d'acan-
thes et de rinceaux. Elle est couronnée par un trophée
d'armes au centre duquel sont le flambeau et le carquois
de l'Amour.

2 — Très-belle Pendule d'applique avec son socle, en
bronze doré, très-riche d'ornements rocaille se détachant
à jour. Époque Louis XV.

3 — Beau Cartel de l'époque Louis XVI; en bronze doré,
orné de pendentifs, de mascarons et surmonté d'un vase.
Très-beau de dorure.

4 — Lustre Louis XVI, en bronze doré, très-finement ciselé ; il est à neuf lumières et d'une forme élégante.

5 — Belle Lampe d'escalier Louis XV, en bronze doré ; elle est de forme contournée et ornée de volutes et de bustes de personnages.

6 — Cartel Lou's XV, en bronze doré, orné d'ornements contournés et de personnages.

7 — Deux beaux Bras Louis XVI, à trois lumières, en bronze doré, très-fins de ciselure.

8 — Garniture de cheminée de l'époque de Louis XVI, composée d'une Pendule en marbre blanc et bronze doré, ornée de volutes et de guirlandes de fleurs, puis, de deux Flambeaux en marbre et bronze doré.

9 — Cartel Louis XV, en bronze doré, ornements rocaille, mouvement de Bertoud et Saint-Germain.

10 — Deux Bras Louis XV, en bronze doré, modèle à béliers.

11 — Lanterne à main Louis XV, en bronze doré.

12 — Petit Bougeoir Louis XVI, en bronze doré.

13 — Deux Flambeaux Louis XV, en cuivre argenté.

14 — Deux Appliques, en bronze doré.

15 — Porte-Bougie de Bureau, à quatre lumières ; le bas avec sablier et encrier.

MEUBLES ANCIENS

16 — Magnifique Secrétaire Louis XV, en bois de rose avec bouquets en marqueterie de bois de couleur, il est de forme contournée, les coins et le devant sont ornés de cuivres dorés de la plus grande beauté. Pièce exceptionnelle.

17 — Une Encoignure, même travail que le précédent.

18 — Très-beau Buffet de salle à manger de l'époque de Louis XVI ; les côtés sont arrondis, le bas forme trois vitrines ; il est orné d'une large et belle frise et richement entouré de filets en cuivre, le haut offre deux estrades à galeries, soutenues par des colonnes cannelées. Pièce rare.

19 — Très-beau Secrétaire Louis XVI, en bois de rose marqueté de filets en losange, les côtés avec colonnes cannelées ; le haut orné d'une large et belle frise d'ornéments très-finement ciselés ; le devant est parsemé d'une grande quantité de petites rosaces en bronze doré. Très-belle pièce.

20 — Beau Cartonnier Louis XIV, en bois de rose et amaranthe ; le haut dominé par une horloge. Le dessus du casier est couronné par l'Amour tenant ses emblèmes ; le cadran porte le nom de Caussard.

21 — Grand Régulateur de Ferdinand Bertoud. La gaîne en acajou de l'époque de Louis XIV est ornée de colonnes, et porte l'emblème du Soleil entouré d'ornements variés.

22 — Belle Console Louis XVI, en bois sculpté et doré ; elle est ornée de guirlandes de fleurs ; les pieds à X sont entourés de guirlandes et dominés par un vase.

23 — Bureau de l'époque de Louis XV, orné de bronzes dorés.

24 — Lit de l'époque de Louis XV, en bois sculpté et doré ; il est de forme contournée et garni en damas de soie rouge, avec rideaux et baldaquin en même étoffe.

25 — Autre Lit de la même époque, avec couvre-pied en satin blanc brodé.

26 — Six Fauteuils de l'époque de Louis XV.

27 — Ancien Buffet Louis XV.

28 — Lit de l'époque Louis XVI, en bois sculpté, couvert et garni en perse.

29 — Six Fauteuils de l'époque de Louis XVI, les bois finement sculptés.

30 — Petit Encrier Louis XV, en bois de gayac et bronze doré

31 — Meuble de Salon Louis XV, en bois sculpté, composé d'un Canapé et de quatre Chaises ; le tout garni en moquette.

32 — Psyché en acajou de l'époque de la Restauration, ornée de bronzes dorés.

33 — Bas de Chaise longue Louis XV en bois sculpté et doré ; garniture en moquette.

34 — Petite Table à ouvrage Louis XV en bois de rose marqueté de bois de couleur ; elle est de forme contournée, le dessus mobile, forme couvercle de boîte. Jolie pièce.

35 — Table de nuit Louis XV en bois de rose incrusté.

36 — Table à ouvrage en bois de rose, ornée de filets de cuivre.

37 — Niche à chien de l'époque de Louis XV.

38 — Petite Table en acajou de l'époque de Louis XV.

39 — Petite Servante Louis XV en bois d'acajou.

40 — Cheminée Louis XVI en marbre blanc veiné.

41 — Coffre à bois en bois de chêne, orné de sculptures.

42 — Glace Louis XVI avec trumeau en bois sculpté et doré.

43 — Deux Glaces Louis XVI avec riches encadrements.

SCULPTURES EN BOIS

44 — Grand Panneau Louis XVI en bois sculpté ; au centre est une peinture représentant des fleurs.

45 — Couronnement d'alcôve en bois sculpté.

46 — Entourage de glace en bois sculpté avec attributs révolutionnaires.

47 — Dessous de porte Louis XV en bois sculpté.

48 — Un autre de la même époque avec pendentifs de fleurs et guirlandes de laurier.

49 — Deux Encadrements d'œils-de-bœuf en bois sculpté. Travail de l'époque de Louis XVI.

50 — Encadrement de dessus de porte en bois sculpté et doré, époque de Louis XV.

51 — Deux Panneaux Louis XVI en bois sculpté, formant dessus de porte.

52 — Vase Louis XIV en bois sculpté et doré.

53 — Cartel rocaille en bois sculpté noir et or.

54 — Statuette en bois sculpté et doré : l'Amour décochant une flèche.

ARGENTERIE ANCIENNE

55 — Plateau à cartes de visites, pièce en argent de l'époque de Louis XVI.

56 — Huilier Louis XVI en argent et à deux burettes.

57 — Pot et Cuvette en vermeil. Travail Louis XVI.

58 — Une Cafetière en argent, même époque.

59 — Une Théière Louis XVI.

60 — Six petites Cuillères en argent.

OBJETS DIVERS

61 — Petite Potiche en ancienne porcelaine du Japon.

62 — Vase cylindrique en porcelaine du Japon.

63 — Un Plat, même porcelaine.

64 — Deux Vases en porcelaine du Japon, montures en bronze doré.

65 — Deux petits Bustes en biscuit de porcelaine: Henri IV et Louis XIV.

66 — Grand Plat en faïence de Haguenau, décoré de roses.

67 — Deux anciens Seaux à rafraîchir en cuivre argenté.

68 — Diverses Pièces en bronze doré provenant d'anciens meubles.

69 — Deux petits Cadres Louis XV en bois sculpté et doré.

70 — Grande, petite Pelle et Pincettes de l'époque de Louis XV.

71 — Deux petites Gravures d'après Boucher, par Demarteau.

72 — Plusieurs Tapis seront vendus sous ce numéro.

73 — Divers Objets en bois sculpté et doré.

74 — Portière en tapisserie de Beauvais, représentant les attributs de la Peinture.

TABLEAUX

BOUCHER (François)

75 — Les Forges de Vulcain, enfant.

BOUCHER (École de F.)

76 — Scène pastorale.

DU MÊME

77 — Le Printemps.

78 — L'Été.

COYPEL (École de Noel)

79 — La Mort d'Iphigénie.

FRAGONARD (École de)

80 — Amour vendangeur.

81 — Amour moissonneur.

GREUZE (École de Jean-Baptiste)

82 — Tête de jeune fille.

OUDRY (Attribué à J.-B.)

83 — Deux Dessus de porte représentant des déjeuners
servis sur des tables ; encadrements en bois sculpté et doré.

84 — Sous ce numéro les objets omis.

Renou et Maulde, imprimeurs de la Compagnie des Commissaires-Priseurs,
rue de Rivoli, 144.   47898